NOT VITAL
BY AITOR ORTIZ

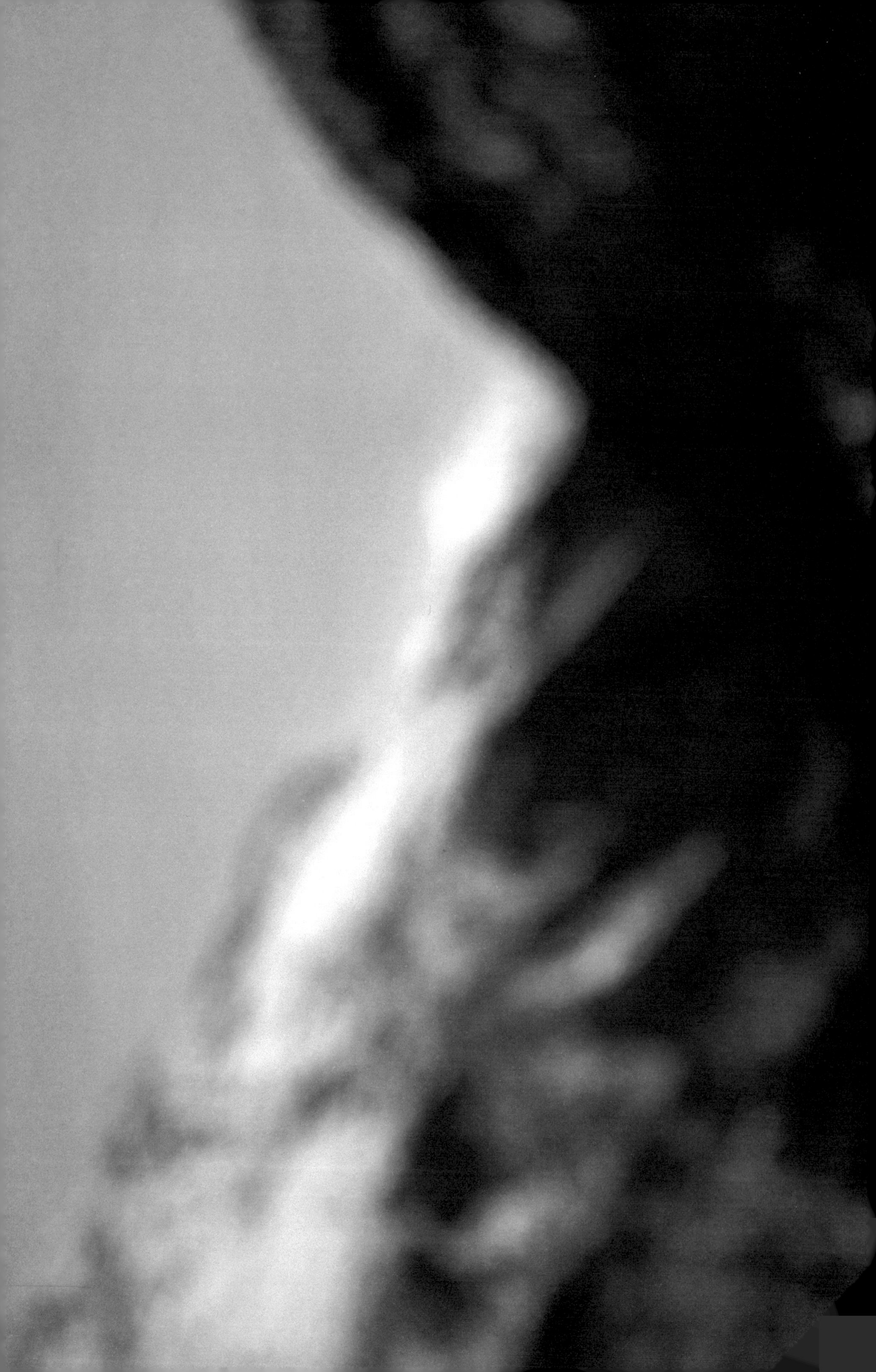

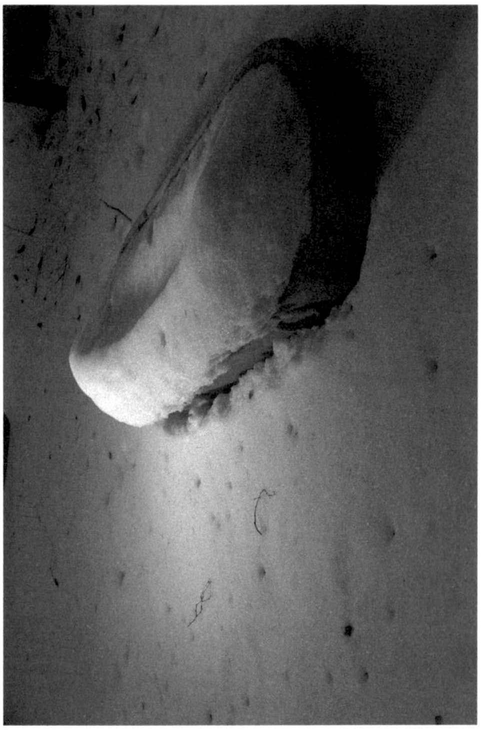

ÜN PARK IN ENGIADINA

BALZAC
LA COMÉDIE
HUMAINE

4 CHASAS, ÜNA CHI SVANISCHA MINCHATANT AINT IL TERRAIN

ÜN GNIEU

ID ÜN PALC

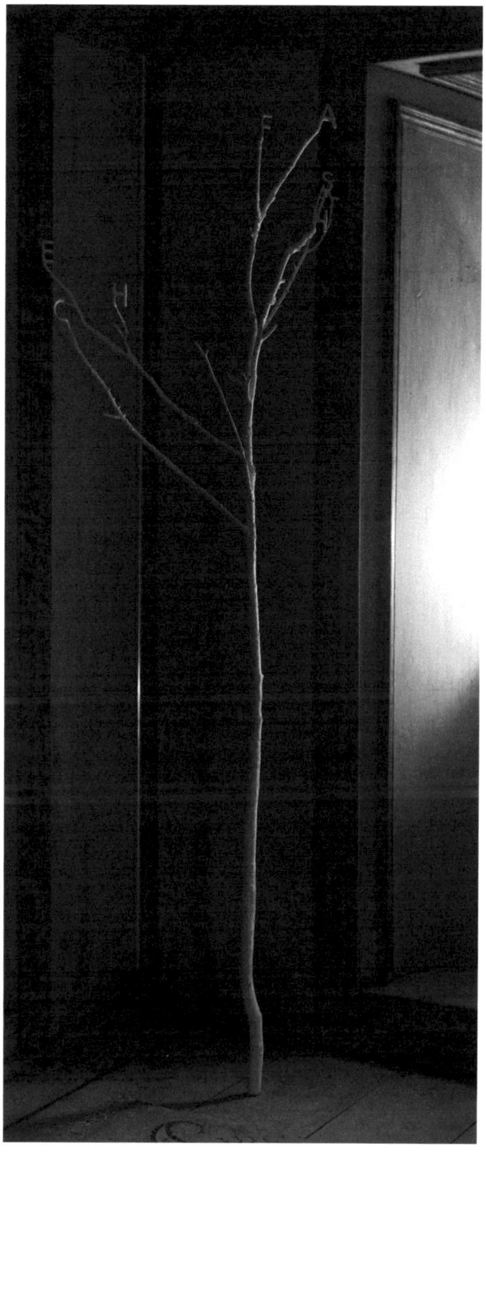

EIN PARK IM ENGADIN

MIT 3 BRÜCKEN

2 TÜRME

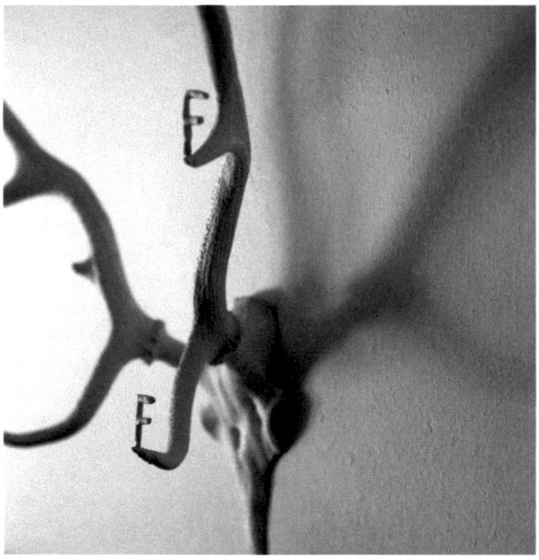

4 HÄUSER, EINES VERSCHWINDET HIE UND DA IN DIE ERDE

EIN NEST

UND EINE BÜHNE

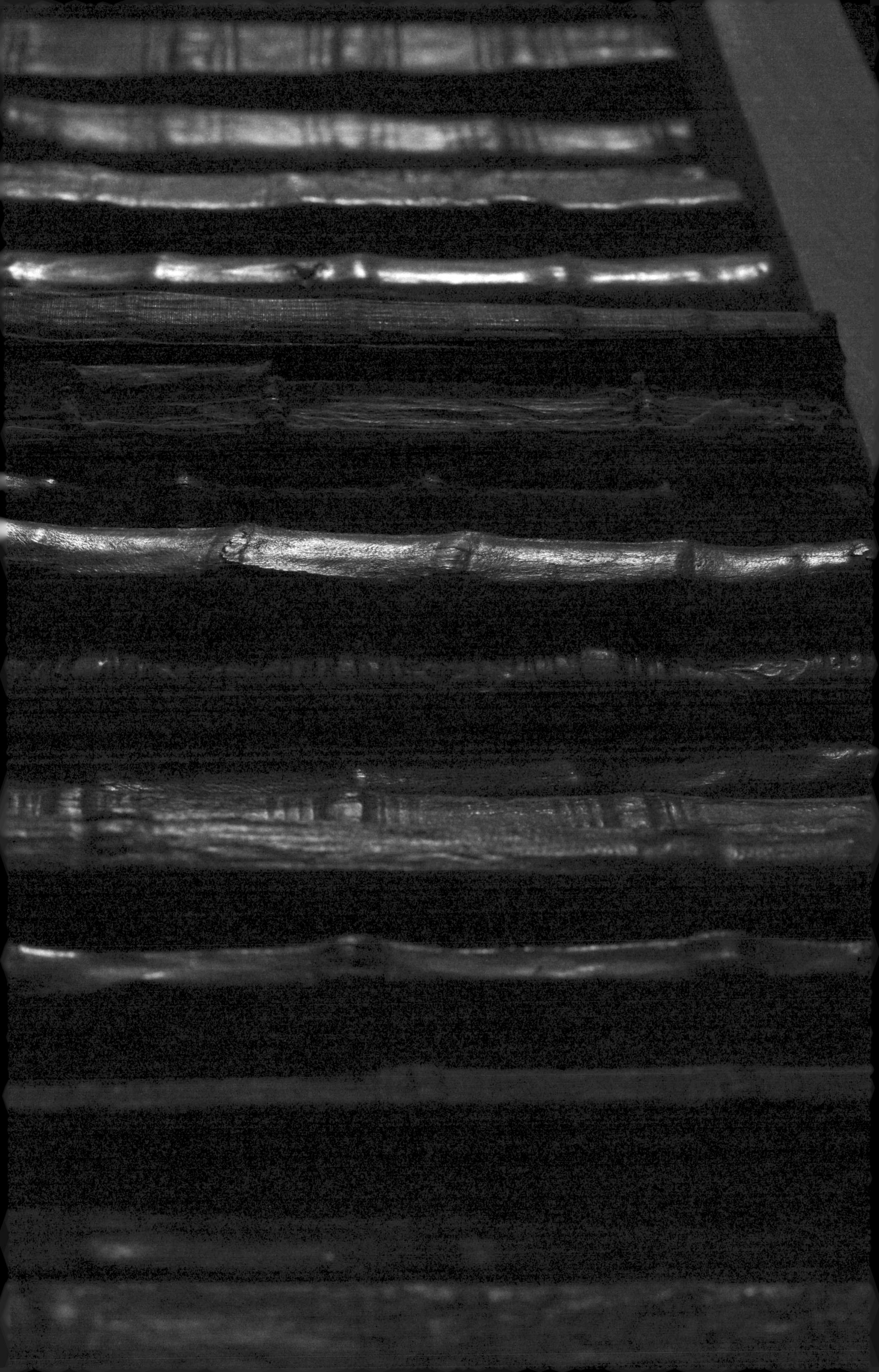

UN PARC EN ENGADINE

AVEC 3 PONTS

4 MAISONS, UNE DESQUELLES DISPARAÎT DE TEMPS EN TEMPS DANS LE SOL

UN NID

ET UNE SCÈNE

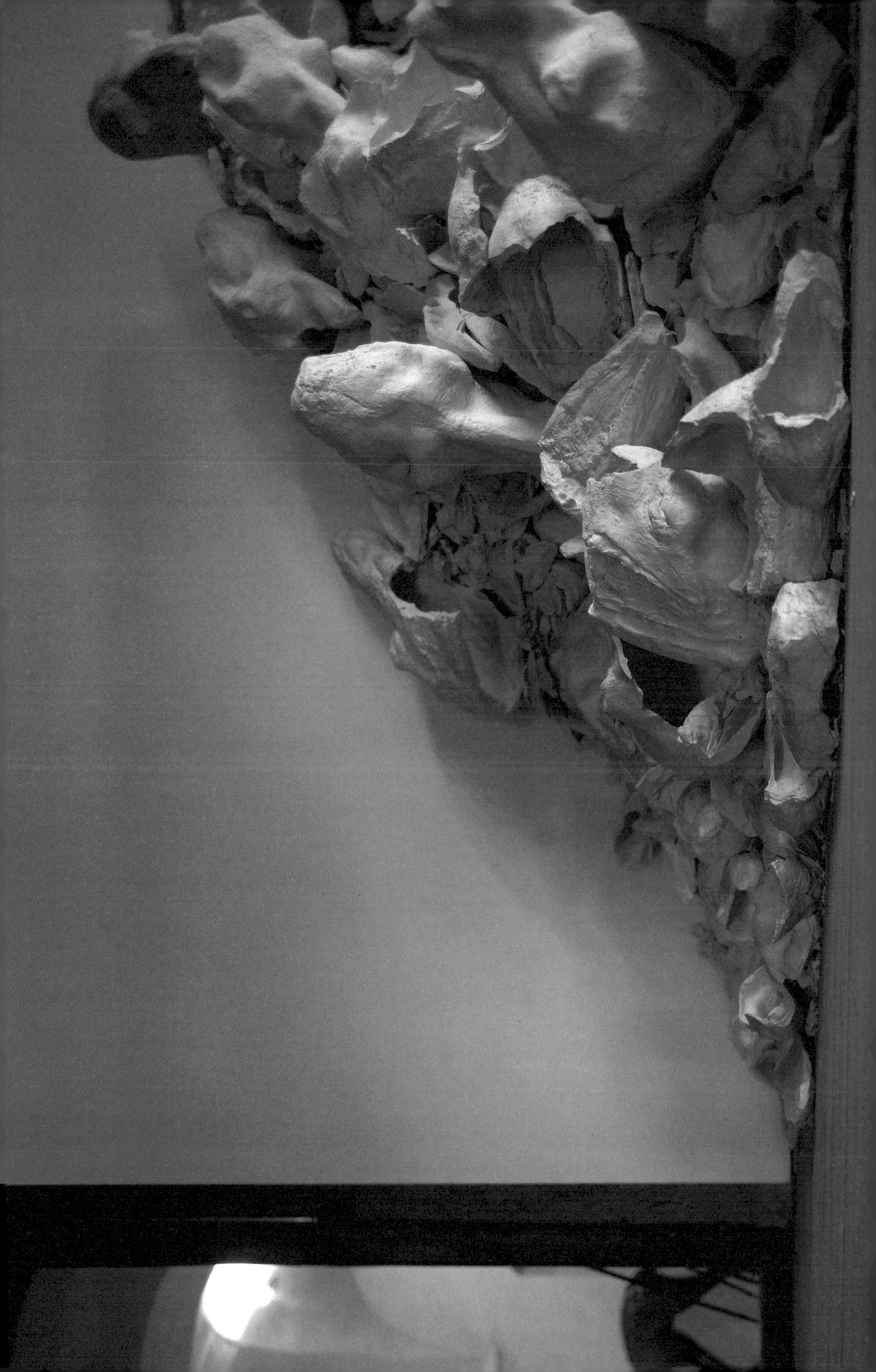

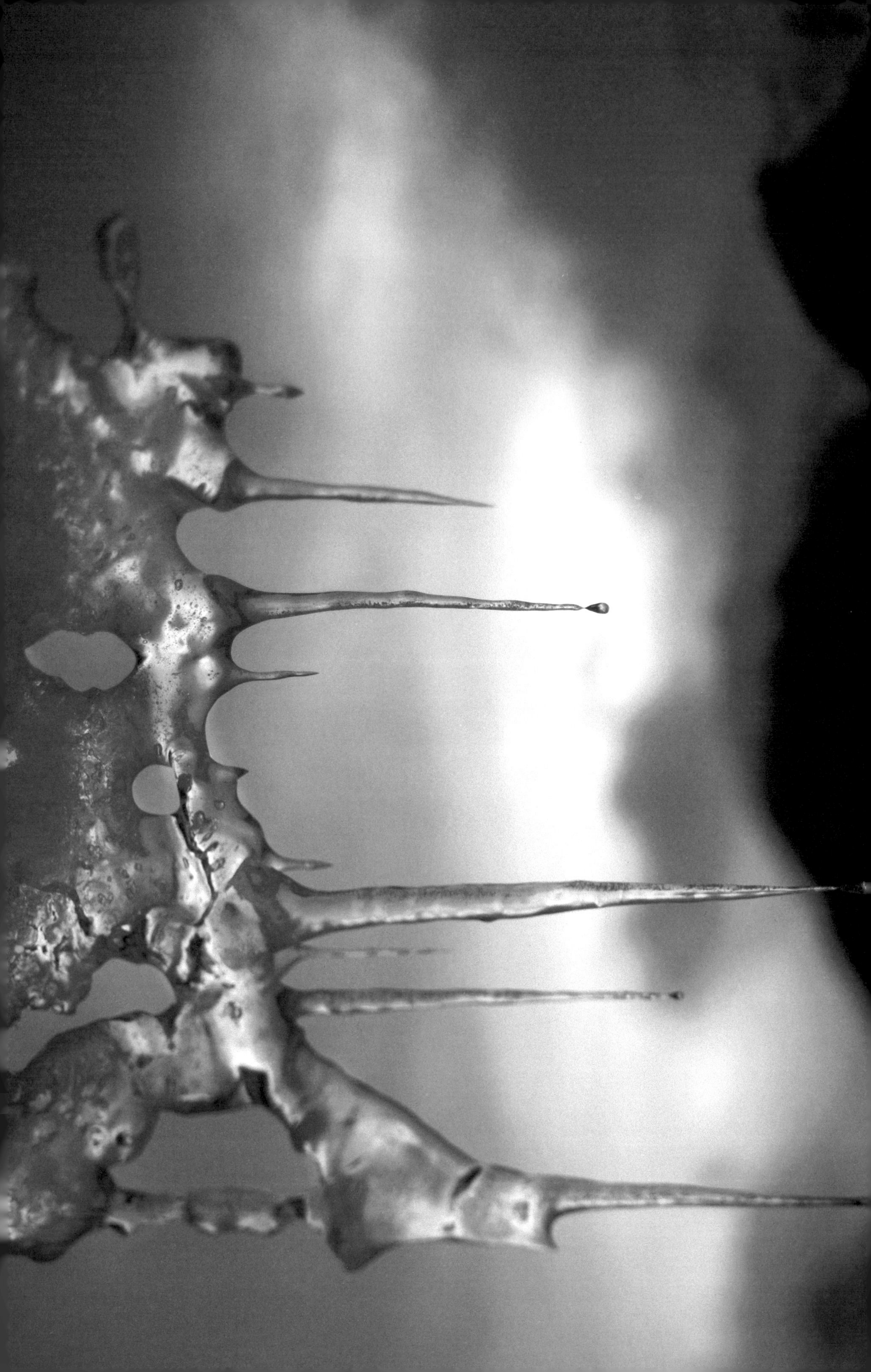

UN PARCO IN ENGANDINA

CON 3 PONTI

4 CASE, UNA CHE OGNI TANTO SPARISCHE SOTTO TERRA

UN NIDO

E UN PALCO

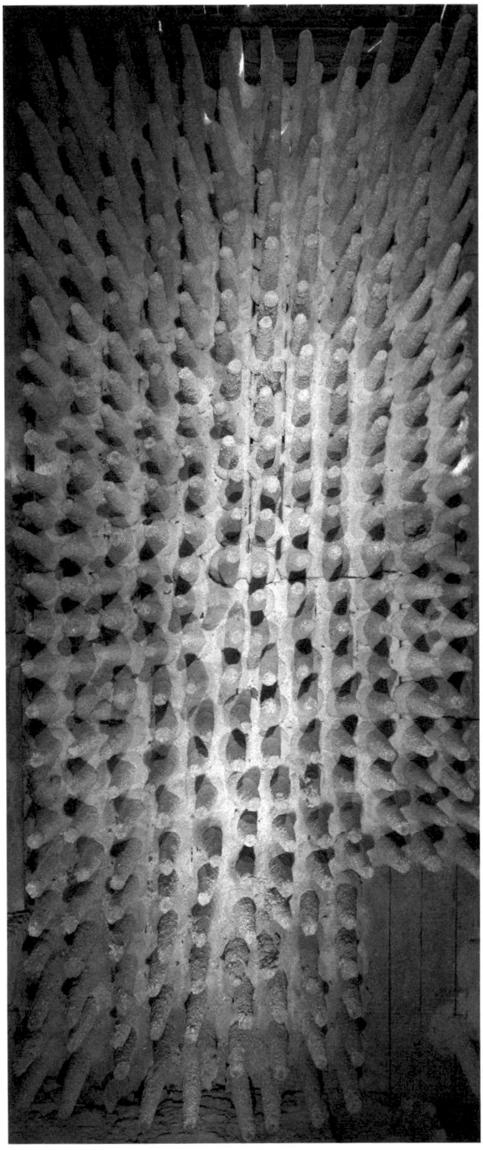

THE NOISE IN MY ROOM

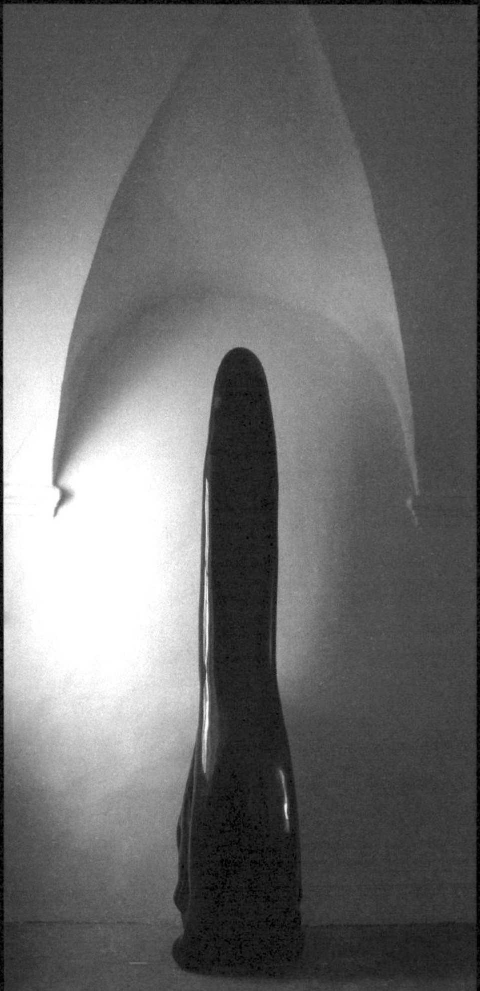

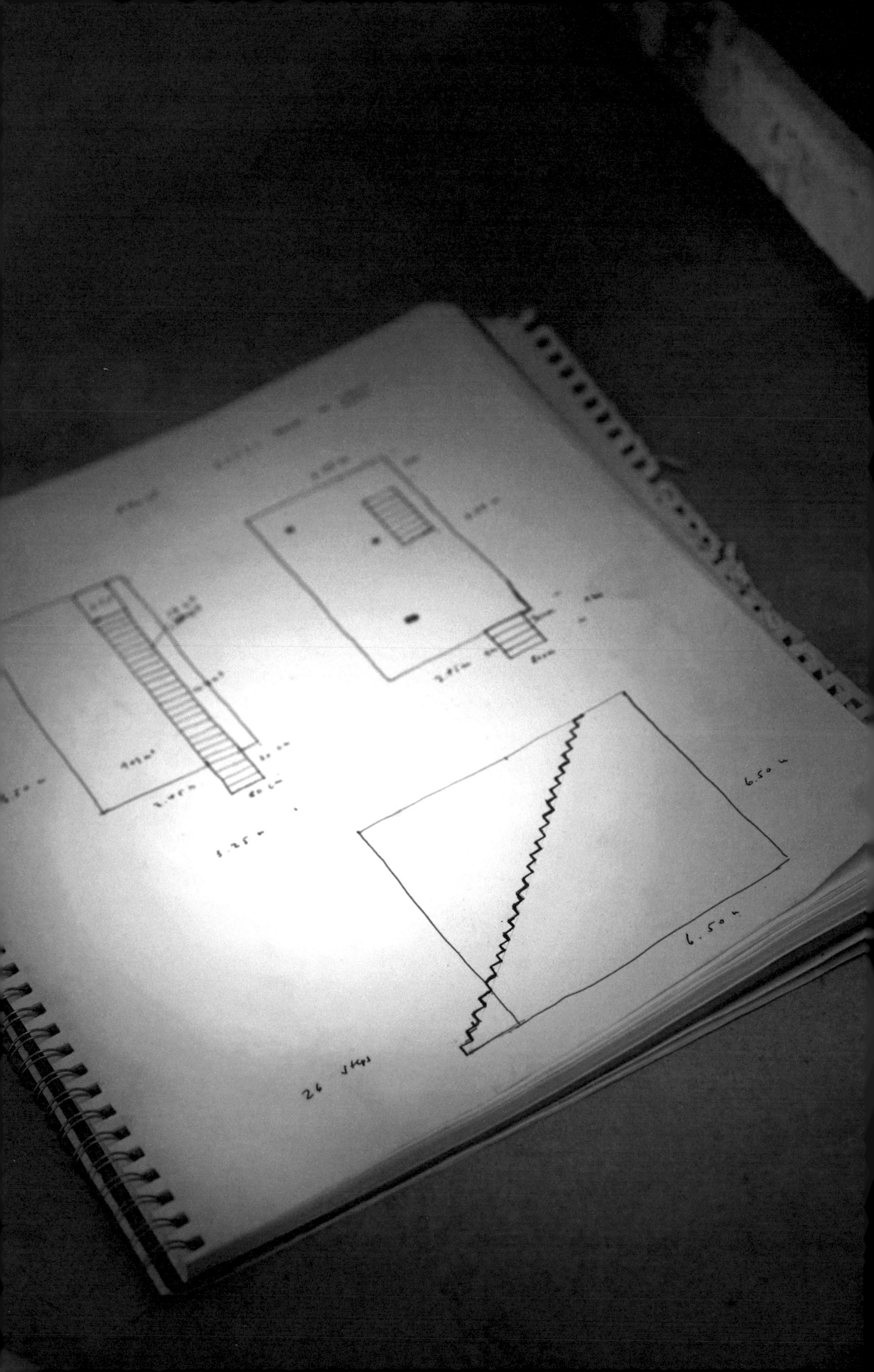
6.50 m
6.50 m
26 steps

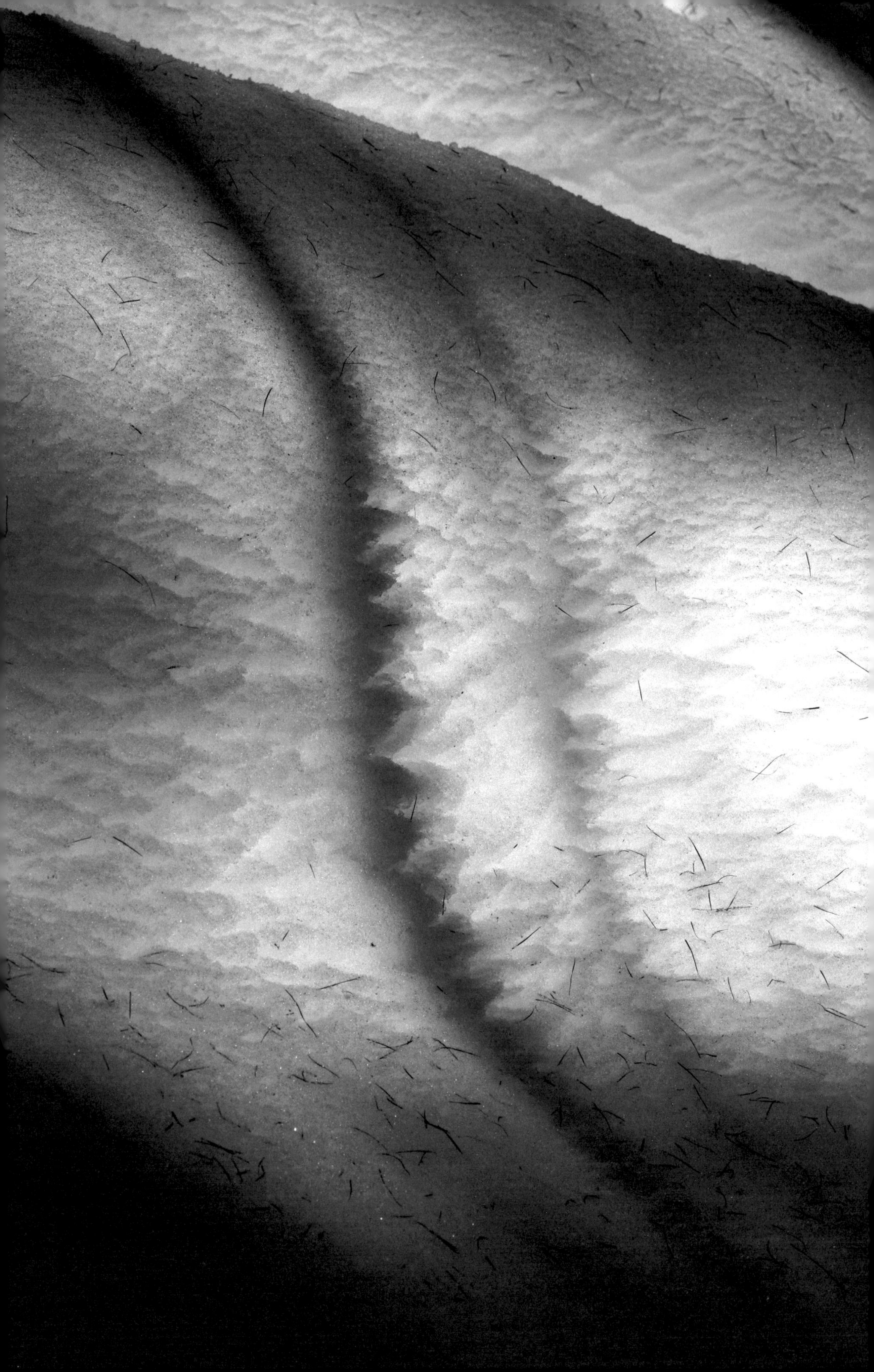

A PARK IN THE ENGADIN

WITH 3 BRIDGES

4 HOUSES, ONE OF WHICH DISAPPEARS INTO THE GROUND FROM TIME TO TIME

A NEST

AND A STAGE

UN PARQUE EN LA ENGADINA

4 CASAS, UNA DE LAS CUALES DESAPARECE BAJO LA TIERRA OCASIONALMENTE

UN NIDO

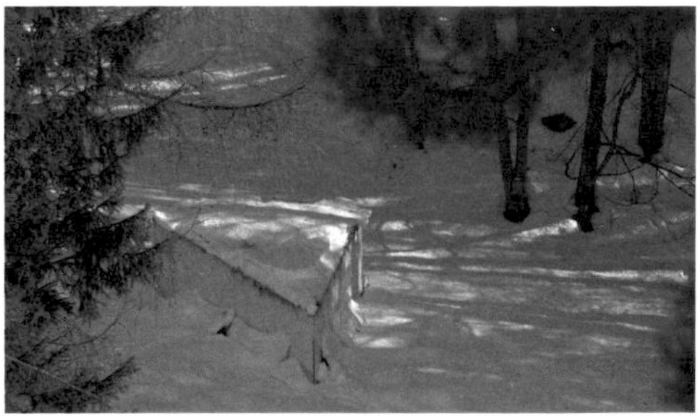

15 PECES

Y UN ESCENARIO

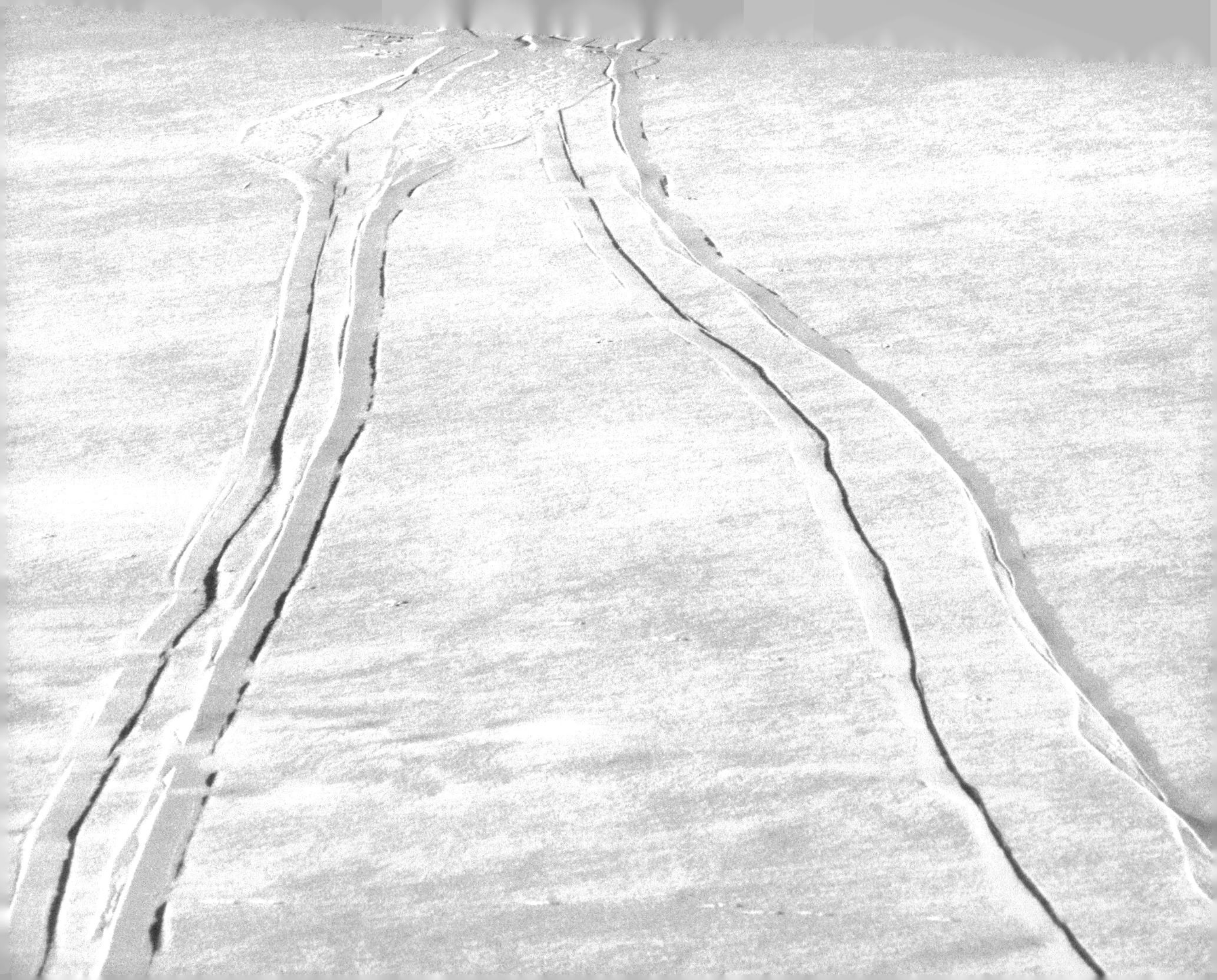

DESIGNED BY IVORYPRESS
PRINTED IN SPAIN

ISBN: 978-84-941462-3-7
LEGAL DEPOSIT: M-31378-2013

WWW.IVORYPRESS.COM